Publicado por Creative Education
P.O. Box 227, Mankato, Minnesota 56002
Creative Education es una marca editorial de
The Creative Company
www.thecreativecompany.us

Diseño de The Design Lab
Producción de Dana Cheit
Dirección de arte de Rita Marshall
Traducción de TRAVOD, www.travod.com
Impreso en los Estados Unidos de América

Fotografías de Alamy (All Canada Photos, FLPA,
imageBROKER, National Geographic Creative,
Stephen Orsillo), Dreamstime (Kojihirano, Tonny Wu),
iStockphoto (A_Lein, prasit chansarekorn, dsharpie,
GomezDavid, lynnebeclu, MihaiDancaescu, Ullimi),
Shutterstock (abbeys, ampower, Tony Brindley,
jo Crebbin)

Información del Catálogo de publicaciones
de la Biblioteca del Congreso is available under
PCN 2018930670.
ISBN 978-1-64026-100-6 (library binding)

9 8 7 6 5 4 3 2 1

EL PELÍCANO

VALERIE BODDEN

CREATIVE EDUCATION

*Los pelícanos marrones
(izquierda) y los pelícanos
blancos americanos
(derecha) son aves del
continente americano*

Los pelícanos son aves acuáticas. Los pelícanos viven en todos los **continentes**, excepto en la Antártica. Hay ocho tipos de pelícanos. Los pelícanos son una de las aves más grandes del mundo.

continentes las siete grandes extensiones de tierra del planeta

Los pelícanos tienen picos largos. Una bolsa de piel cuelga del pico del pelícano. El pelícano usa su bolsa del pico como una red para recoger peces. Las plumas de los pelícanos pueden ser blancas, grises o marrones.

La bolsa del pico del pelícano dálmata se vuelve anaranjada-roja en la primavera

Los pelícanos dálmatas (derecha) se encuentran entre las aves más pesadas de Europa

Los pelícanos dálmatas son los pelícanos más grandes. Pesan 25 libras (11.3 kg). Sus alas de punta a punta miden 11 pies (3.4 m). Los pelícanos marrones pesan menos de 12 libras (5.4 kg). Sus alas alcanzan los ocho pies (2.4 m). Los pelícanos pueden **planear** por largas distancias.

planear volar sin batir las alas

Las membranas conectan los cuatro dedos de las patas del pelícano

Todos los pelícanos viven cerca del agua. Algunos viven en las **costas**. Otros viven cerca de lagos, ríos y **pantanos**. Sus patas palmeadas les ayudan a nadar.

costas tierra junto al mar

pantanos áreas bajas de tierra cubiertas de agua

La comida favorita del pelícano es el pescado. Algunos pelícanos comen peces grandes como la carpa. Otros comen peces pequeños como las anchoas. Algunos pelícanos también comen ranas y serpientes.

Los pelícanos echan la cabeza hacia atrás para tragarse la comida entera

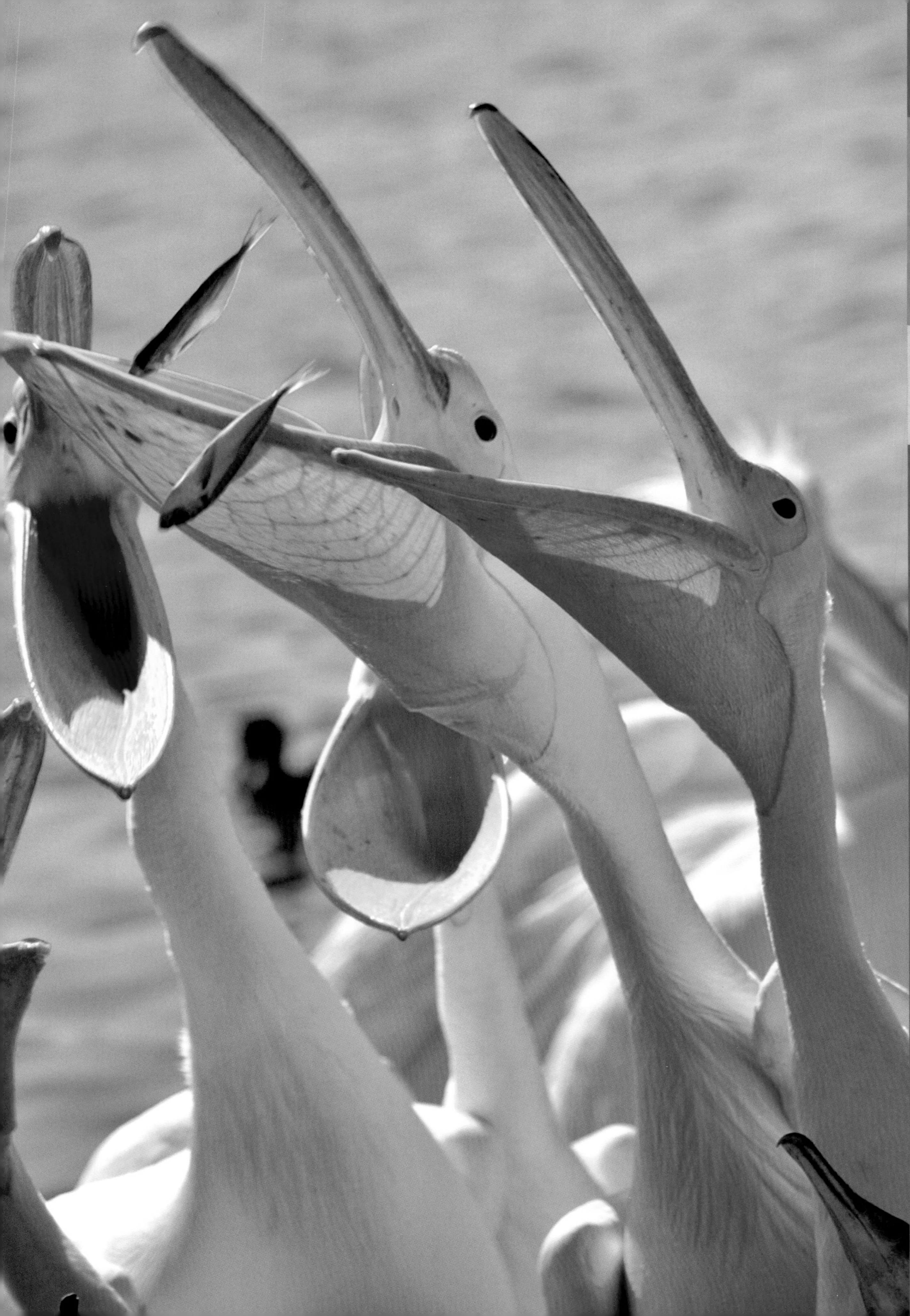

Los polluelos de pelícano no tienen plumas al salir de los huevos

Una madre pelícano pone de uno a seis huevos en su nido en el suelo. Sus polluelos **eclosionan** alrededor de un mes después. Los padres pelícano alimentan a sus polluelos con pescado **regurgitado**. Cerca de los dos meses de edad, los polluelos pueden volar.

eclosionar   salir de un huevo

regurgitado   alimento devuelto luego de haber sido tragado

Los pelícanos viven en grandes grupos llamados bandadas. Los pelícanos vuelan juntos. Cuando descubren un pez, los pelícanos marrones se tiran en picada al agua. Hay otros pelícanos que acuatizan. Rodean un banco de peces. Entonces recogen peces y los guardan en sus bolsas del pico.

Hay pelícanos a los que les gusta estar juntos, y juntarse con otras aves acuáticas

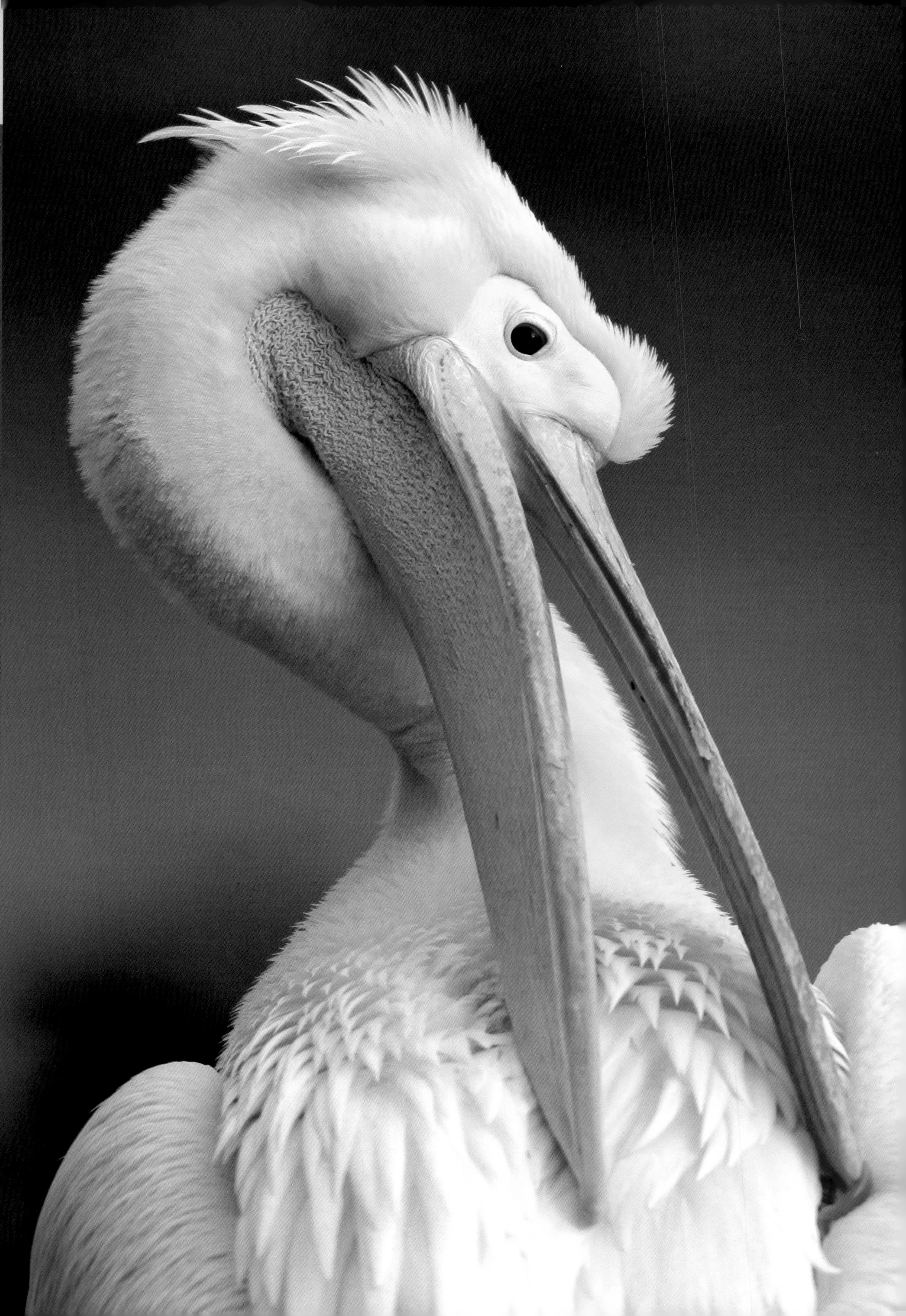

Sus plumas tienen distintas formas y tamaños en diferentes partes del cuerpo

Los pelícanos pasan mucho tiempo **acicalándose**. Esto mantiene sus plumas limpias e impermeables. Una vez al año, los pelícanos mudan de plumas o las pierden. Y no pueden volar mientras están mudando de plumas.

acicalarse limpiar y alisar las plumas usando el pico

Muchas personas viven cerca de pelícanos salvajes. Otras personas conocen a los pelícanos en los zoológicos. ¡Es divertido ver pescar a estas aves de patas cortas y pico largo!

El pelícano marrón es el ave del estado de Luisiana

Una historia de pelícanos

¿Por qué algunos pelícanos tienen plumas blancas? La gente en Australia contaba una historia al respecto. Una vez, una urraca le pidió a un pelícano que atrapara algunos peces. La urraca le prometió cocinar los pescados para los dos. Así que, el pelícano atrapó muchos peces. La urraca cocinó los pescados. Pero no los compartió con el pelícano. El pelícano arrojó a la urraca a las cenizas del fuego. Las plumas de la urraca se volvieron negras. Cuando el pelícano comió el pescado cocinado, sus plumas se volvieron blancas.

Índice